勤勉才是成功之王道

稻盛开讲 12

稻盛和夫（日）

周征文 译

人民东方出版传媒
东方出版社
The Oriental Press

扫码即可收听有声版

编者按

京瓷及 KDDI 的创始人稻盛和夫先生，作为聚拢年轻企业家的盛和塾的塾长，为培养并提携经济界的新生力量倾注了毕生心血，通过盛和塾的历届活动，亲口传授其独树一帜的人生哲学与经营理念。

与此同时，作为经济、政治以及文化等众多领域的舆论领袖，稻盛先生的言谈常常备受瞩目。

稻盛先生的演讲字字珠玑,惜有幸亲临现场聆听者甚为有限。此次整理演讲原文,悉数结集出版,并将音频随书一同发售,望能惠及更多人士。

本系列丛书,若果真能为诸位的人生助一臂之力,成就辉煌未来,那真可谓是荣幸之至。

"勤勉"是稻盛和夫演讲中的高频词汇。1996年6月15日稻盛和夫首次系统性地在"盛和塾巴西塾长例会"上发表了有关"勤勉才是成功之王道"的演讲,内容透彻有力。本书将该讲话整理成文,音频中收录其演讲原音。会议现场录制,音质可能会有不尽如人意之处,望能予以谅解。

本书根据演讲录音整理,为阅读之便,稍作改动与编辑。

目录

成功之关键，在于勤勉

010　　坚持不起眼的努力，便能带来企业的发展

017 喜悦和感恩，有时甚至能让肉体超越极限

成长性企业的共通之处

026 为何"外行创业多发展"？

036 带来成功的五大劣势和三大特质

044 化危机感和饥饿感为动力，成就企业发展

050 劣势方为企业成长之机遇

二宫尊德倡导的"至诚"之力

060 贯彻勤勉与诚实的二宫尊德

066　每日努力，未来自见

074　至诚感动天地

079　**活法的真髓** ⑫ 稻盛和夫箴言集

不惜努力、拼命工作是提升心性最重要的方法。

——《活法》

成功之关键，
在于勤勉

坚持不起眼的努力,便能带来企业的发展

今天我想讲平凡的工作。没有高级炫酷的科技,只是不起眼的平凡工作,平凡到让旁观者怀疑"就这?真能让公司做大做强吗?"。可事实上,要让企业成长为巨人,恰恰就需要如此耐得住寂寞,恰恰就需要如此一步一个脚印地坚韧不拔。

而许多企业之所以难以成长发展，问题就出在对待这种"零碎细活儿""枯燥作业"的态度上。

换言之，越是觉得"这种活儿烂大街""这种活儿不赚钱"，越是怀疑"靠这生意真能行吗？""靠这业务公司能做大吗？"，就越会阻碍自己公司的发展。

其实凡事靠积累，那些甘愿沉下心坚持从事所谓"零碎细活儿""枯燥作业"的人，往往是能取得成功的人。

关于这一点，我一会儿举实例说明。下面先讲讲"不嫌平凡枯燥""坚持不断努力"

的重要性。

日本的知名历史人物二宫尊德曾说："唯持续勤勉，方为成功之道也。"其与所从事行业、工作的种类和性质无关。这也是我今天想对在座各位强调的一点，即"唯有持续勤勉，才是成功之源"。

我后面还会说到二宫尊德，这里先大致介绍一下这位人物。他是日本江户时代的农民，靠着一锄一锹，凭借辛勤劳作，短短五年间，便让自己的村庄脱贫。

江户时代的日本压根儿就没有什么农业机械设备，他就靠人力，用一锄一锹，愣是把自己的村庄建设成了美丽乡村。

他的贡献还不止如此。他让自己村的粮食储备提升至好几年的量，能够轻松抵御哪怕一整年的大饥荒。所以说，他不但让自己的村脱贫，而且还使其致富，富到超过其周边的任何村乃至镇。

各位在巴西这块土地上创业经营、艰苦奋斗。想必其中有不少人因为自己公司的停滞不前而烦恼，或许觉得"鉴于巴西的经济环境和自己的业务领域，虽然在辛苦打拼，却看不到希望"。

但类似这种"轻视自身工作和事业"的

想法，其实正是症结所在。换言之，阻碍自己公司和业务发展的不是所从事的业务本身，而是"轻视和怀疑该业务"的心魔。

既然有空如此胡思乱想，不如埋头付出多出别人数倍的努力。

前面讲到的二宫尊德，就是一个极度努力的"工作狂"。如果当今社会的普通男性在工作强度方面向他看齐，恐怕家中的妻子就会担心："这么工作会伤身体"，而周围的人应该也会规劝道："这么拼太傻太愣了，会搞坏身体的。"

我以前也经常听自己的父母和爷爷奶奶

说："要适度劳逸结合，否则不利于健康"，可看看二宫尊德——他每天的睡眠时间平均只有两三个小时，但身体却非常强健。

其实，他不仅身体强健，而且还拥有美丽心灵。通过如此艰辛的努力劳作，他获得的是喜悦。他还对上苍表示感谢，感谢让自己拥有这样一副能够勤劳耕作的好身体。

可如今呢？即便我强调"要勤奋工作""唯有持续勤勉，才是成功之源"，恐怕绝大多数人都会心想："自己如果这么拼，会不会累出病？"而周围的人大概也会抱有相同观点。

但其实并不会。二宫尊德那么拼，且对让自己能够这般奋斗和劳作的健康体魄心怀喜悦，并感恩于上苍，于是他整日神采奕奕。道理很简单——他的心中充满了欢乐和感激。

所以对于辛勤的劳动，他不会抱有负面情绪，不会觉得："今天只睡了三个小时，明天也只能睡三个小时。这样下去，身体要垮的。"

反之，虽然只睡两三个小时，他却依然以神清气爽的心态早起，感谢上苍、心生喜悦，并更加努力地投入劳作。

喜悦和感恩，有时甚至能让肉体超越极限

如果以上述殊胜之心每日洋溢感激和喜悦，则会对肉体乃至体细胞都会带来极好的影响。

如此一来，即便通常被认为"势必体力不支"的工作或劳动，当事人也能泰然处之。这是因为当事人"不以为苦"。反之，若当事人觉

得痛苦不堪，则撑不过三日。

相关的榜样不只有二宫尊德，各位想必也有耳闻的"千日回峰"（在日本的比叡山中进行的一种严酷修行，其源于日本的天台宗总寺院比叡山延历寺，从日本平安时代起便已存在。从事该修行的僧人要走遍比叡山的各个寺院道场，步行距离总计大约4万公里。该行脚修行一般持续700天。之后的一周左右则断食断水、不眠不卧，并要念诵10万遍"不动明王真言"，做到这点的僧人会被尊为"当行满阿阇梨"，阿阇梨可意译为"教授"或"智贤"。其后该僧人还要持续修行2年，彻底完成此修行需要7年时间，总计大约1000天，故而称为"千日回峰"。——编者注）修行亦是如此。据说，僧人一旦完成京都比叡山的千日回峰修行，就能达到极高的开悟境界。

僧人若要实践这千日回峰修行，则每天只能睡两三个小时，且食物朴素寡淡，主食是粥，配菜只有酱菜和梅干之类，并要以较快的速度，在比叡山的各个寺院巡回礼佛。有的僧人为了避免修行半途而废，甚至身佩短刀，立志"不成功便成仁"。

这种修行着实严酷。不少专家皆表示，

无论怎样计算卡路里的摄入和消耗量，结果都显示"修行者绝对撑不住"。

那般简陋的饮食，每日却要以飞奔的速度翻越三四十公里的山路，不管怎么算，其体内的卡路里储备量都是负数。

其实这背后的"奥秘"和我刚才讲的同理——修行的僧人一边念佛诵经，一边在山峰之间穿行，同时对于自己能实践该修行心怀喜悦，并感恩诸佛，所以才健步如飞、精神抖擞。

而在行脚完成后，还要进行为期一周的断食修行。这一周不仅断食，还要断水。

而且其间连睡眠都要放弃，必须一心在佛堂诵经。

此外，每到午夜零时，还要去换供奉在佛像前的净水，此时的修行僧已经虚脱得连走路都困难了，还需要其他僧友搀扶，然后一路到山谷的泉眼处，打水后回到寺庙，给佛像前的净水瓶换水。

据说此时的修行僧会散发出一股尸臭。由于不进食不喝水，其身体中的细胞开始死亡，因此散发出原本尸体才会有的腐臭。明明还活着，肉身却散发着尸臭，这实在是壮烈的修行。

在这般极限的状态下，生命依然维持着。究其原因，正是由于其心中充满了喜悦和感激，所以才能超越生理极限。前面讲的二宫尊德亦是如此，所以他才能实现让村庄脱贫致富的壮举。

在我看来，这是唯一的成功要诀。从在座各位的角度来说，就是不要有负面情绪，不要整日抱怨，不要一个劲儿地想："巴西这地方没啥好业务，只有农业之类的生意能做""巴西这地方经济疲软、环境恶劣、社会落后，营商不会顺利"。而应该把自己当下的事业和业务视为天职，并付出比别人多出数倍的努力。

为此,我们必须保持满心喜悦和感恩的状态,否则身体自然是吃不消的。

成长性企业的共通之处

为何"外行创业多发展"?

在座的各位中大概有人觉得我是"看人下菜",觉得"因为听众是巴西的企业经营者",所以我才强调"不要抱怨现实条件,要努力奋斗,要充满正能量",其实并非如此。我自己和我们京瓷的成长历程本身就验证了此理的真实不虚。接下来给各位讲一讲相关内容。

纵观日本京都的企业，其中有不少实现了高利润率。日本报纸《朝日新闻》曾在经济版面做过相关报道。文中把京瓷、村田制作所、罗姆（ROHM）这三家公司作为"专注自身优势，保持企业发展"的正面典型，并把"利润率是日企平均值的五倍"作为文章的大字标题。

换言之，文中例举的三家京都企业，其利润率是普通日企的五倍。

对此，我曾经找到我们美国分部"京瓷国际"的老总，拜托他："报纸上有这么一篇文章提到我们。我想应该存在诸如'全世界优良企业利润率排名'之类的数据，你在美国帮我查查，看看这文章中提到的京都企业在全球能排多少位。"

结果，在名为"全球1000强"的企业排名数据中，他抽取了税前利润率前30位的企业，制作成列表给我看。我发现其中五家日企中竟然有四家是京都的企业，剩下的一家非京都企业是发那科（FANUC）。

换言之，利润率全世界排名前30的企业中，有五家是日企，而五家中又有四家是京都的企业。这样的成绩可谓卓越。

这四家京都企业分别是京瓷、村田制作

所、罗姆和任天堂。

那么这四家企业是怎样的企业呢？其实它们具有十分显著的特征。其一，它们的创始人几乎都是门外汉。对于自己得以发家的业务，他们最初都不是相关专家。

先说我自己，当年我大学毕业后，入职了一家生产制造绝缘子的工业陶瓷公司，这种绝缘子用在输电线上。我在那里干了大约四年，其间从事产品研发工作。后来独立，创立了京瓷。

说是研发，但毕竟只干了四年，而且起点只是个应届大学毕业生，自然不可能成为精通相关领域的大专家。因此说到底，创业时的我仍然很业余，应该还是属于门外汉的档次。就是这么一个"毛都没长齐"的愣头青，硬是创立了京瓷。

再说罗姆，这家公司非常优秀。罗姆的老总（佐藤研一郎先生）恰巧和我同年出生，我们还在同一年大学毕业，不过他就读的是京都的立命馆大学。读大学时，他在研发电阻器。

电阻器应用在各种电子器械和设备上，比如录音机就少不了这个部件。而最为简单的制造方法是把煤涂在很细的陶瓷棒上，由于煤导电，但陶瓷绝缘，因此通过调节煤的厚度，便能产生和调节电阻大小。这被称为"碳素皮膜电阻器"。

在读大学期间，佐藤先生先是零零碎碎地试制，从中想到了能够低成本制造碳素皮膜电阻器的工艺。到了大四时，他开始着手在自己家院子的小仓库里实现量产。

大学毕业后，他没去公司上班，而是凭借自身"土法炼钢"般的心得大胆创业，生产制造这种极为简单原始的电子部件。

至于村田制作所，在众人眼中，它是一家依靠生产电容器而大获成功的实力企业，其实它最初与京瓷和罗姆类似。村田制作所的前身是一家传统的日本陶器作坊,生产的是茶碗之类的杯具,和电容器这种电子部件完全沾不上边。可就是这样的门外汉,开始着手生产制造电容器,于是有了村田制作所。作为创始人的他,如今依然以会长的身份,为公司出力。

最后说如今执掌任天堂公司的山内溥先生。任天堂是一家创始于日本江户时代的老牌企业,其传统业务是生产制作花牌和一些小玩具。到了明治时代,其开始生产制造扑克牌等桌游产品。而山内先生子承父业,成了任天堂的新一代掌门人。

如此接手任天堂后，山内先生觉得公司这样下去没有前途。而当时有一款叫"太空侵略者"的街机游戏风靡日本，他通过该游戏获得了灵感，最终推出了任天堂红白游戏机。巧的是，当年开发出"太空侵略者"这款游戏的公司是TAITO，而该公司如今其实属于我们京瓷集团。

作为一家一直只生产花牌和扑克等纸牌的老企业，其子承父业的新一代经营者受到"太空侵略者"的启发，居然进军自己完全不熟悉的电子游戏业，推出了任天堂红白游戏机。而如今的任天堂，已成长为一家十分优秀卓越的企业。

综上所述，在全球排前1000的高收益企业中，其头部的30家中，有4家是京都的企业。而对这4家进行分析研究便可知，它们的老总几乎都属于业内的外行。

按一般常识来说，能如此创业成功的，似乎应该是相关行业的资深老手，或拥有业内顶尖知识和技术的专家。可事实正相反，成功的恰恰是"菜鸟"，而非"老鸟"。

今天在座的各位之中，或许有人哀叹自己"一窍不通""没有技术""从事的行业不好"，总觉得自己缺这缺那，把"没有"视为阻碍自己的要素。

可其实呢？身为"菜鸟"，这乍一看似乎是弱势的要素，却恰恰是创立优秀企业的源泉。

带来成功的五大劣势和三大特质

其二，在我看来，但凡会成功的企业，反而都没什么得天独厚的好条件。

通过分析上述京都的企业，我得出的结论是：企业如果面对"五大劣势"，而其经营者又同时拥有"三大特质"，则该企业便能迈向成功。

第一大劣势就是"外行菜鸟"。从表面上看，这似乎是制约企业发展的障碍，即所谓的"不利条件"。可正因为是外行，才能自由地发散性思维。

比如在从事一项工作时，哪怕是非常单纯的工作，越是菜鸟，越是外行，反而越会自由畅想、发散思维。道理很简单——对于与该工作相关的固有概念、习惯和惯例，外行一窍不通，所以也就不会受其束缚。

因为是一张白纸的外行，所以敢提问、敢质疑，比如："就没有更好的办法吗？""就没有更高效的手段吗？""就没有更有效的方式吗？"

换言之，敢于质疑提问，同时又能自由思维——这便是外行的特点。

至于第二大劣势，则是"缺乏技术"。不少人或许认为，拥有丰富和领先的技术实力，方为企业成功的先决条件。其实正相反，"没有这样的技术实力"反而是取得成功的重要条件。

比如前面介绍的罗姆公司便是如此。该公司最早只有一种产品，也就是前面提到的"碳素皮膜电阻器"。而我们京瓷也一样，在创业初期，我们只给当时的松下电子工业公司生产用于电视机显像管的绝缘材料。

而任天堂和村田制作所亦如此。前者原本只是一家生产花牌和扑克牌的老厂，后者起初也只有二氧化钛陶瓷电容器这种单一的产品。

说到这里，就引出了第三大劣势，即"产品单一"。由于是外行，缺乏技术，因此一开始只能实施"单品生产"。如果用农业生产来比喻，就等于只耕种单一作物。

讲到这里，各位了解了五大"劣势"中的前三大。换个角度看，其中的"外行菜鸟"的确有可能成为"菜鸟逆袭"的优势，但顾名思义，劣势终究是劣势，对企业和经营者而言，的确是困难。不过万事开头难，创业往往都是在这样重重困难中启航的。

但纵观最终能够克服困难、取得成功的经营者，其拥有的特质和性格颇为有趣。其中共通的主要特质有三：一是"争强好胜"，二是"积极开朗"，三是"适度贪心"。

换言之，所谓"成功经营者的三大特质"，即"好强不服输""积极开朗"，以及"适度贪心"。

设想一下，拥有这般性格特质的人，如果在对行业不熟悉的"菜鸟"状态下创业，且公司又由于缺乏技术而只能生产单一产品，其会有怎样的心理活动呢？不难想象，其心中最先产生的是"危机感"。

又是外行，又没技术，产品又单一，这样下去公司搞不好会倒闭。而由于其经营者争强好胜的性格特质超过常人，因此一想到"自己的公司哪天会倒闭"，自然会激起持续性的危机感。而企业经营就需要这种危机感，正所谓"生于忧患，死于安乐"。

而第四大劣势，便是"身处危机"。这种"过了今天不知明天会如何"的危机，恰恰是经营者的原动力。前面介绍的二宫尊德其实亦是如此——当时日本的农村大多贫困，不少农民们时刻面对着饥荒的威胁。而正是身处这种情况下所激发的危机感，促使二宫尊德持续勤勉、不断努力。

除此之外，再加上"适度贪心"的性格特质，使其经营者不满足于产品单一、缺乏技术的"菜鸟"现状，从而心生"饥饿感"。

换言之，在"公司搞不好随时会破产倒闭"的危机感的基础上，对于产品单一、产量有限的现状，其经营者有一种"吃不饱"的空腹感，也就是饥饿感。

所以，第五大劣势便是"物质贫乏"。

但在此劣势下，拥有"贪心"特质的经营者会心生饥饿感，从而成为促使其努力的动力。总之，如果拥有"争强好胜""积极开朗""适度贪心"的特质，当面对上述五大劣势时，经营者便能"化压力为动力"，积极努力。

化危机感和饥饿感为动力，成就企业发展

一般来说，既然自己一是菜鸟二没技术，且公司产品单一，在由此产生的危机感和饥饿感的重压之下，普通人的结论往往是"没戏了"。

就拿在座的各位来说，如果认为"自己的公司玩不转了，在巴西

这地方，只能做做这种生意，公司没有前途"或者觉得"这届巴西总统出台的经济改革政策只会让我们公司的处境愈发艰难"，像这样的危机感和饥饿感，最终会渐渐变成绝望感。

换言之，若是胆怯消极者，在危机感和饥饿感面前，其会催生的是无助的绝望感。与之相对，若是上面提到的"争强好胜""积极开朗""适度贪心"的经营者，则会化危机感和饥饿感为动力，觉得自己"必须求变"。于是接下来便会努力钻研、发挥创意。

换言之，拥有上述三大特质的经营者会冷静分析形势，明白抱怨牢骚无济于事，明白只盯住自己的劣势毫无意义，明白必须解决问题、采取对策，于是激发出了创意动机和热情。而这样的创意动机和热情，其实与技术研发息息相关。

而这样的企业，便是化劣势为优势的企业。就拿罗姆公司来说，其最初的单一产品是碳素皮膜电阻器。但后来其创始人佐藤先生发现该产品的利润越来越低，公司靠它没有前景，于是着手研发生产较为高阶的金属皮膜电阻器，并为之付出巨大心血和努力。

不仅如此,他后来又进军厚膜电阻器领域。就这样,每当察觉"公司这样下去前途堪忧"时,他便着眼于与自家既有产品和技术相关联的周边产品和衍生技术,并从事相关业务。

换言之,他"不飞不飘",而是从自身既有经验出发,进军与自身业务相关相近的领域,从而不断丰富自己的产品线。

有意思的是,通过如此数十年的坚持和开拓,罗姆已然成为一家优秀的业内大企业,其已不再是外行或菜鸟,而是业内的资深招牌了。

就这样，通过不断积累，罗姆拥有了出色和丰富的技术储备，公司不再是单品生产，而是多点开花；公司不再是业内蚂蚁，而是富足名企。一般来说，公司发展到这个层次，经营者往往容易非常骄傲，并趋于安逸。

但包括罗姆在内的，所有做大做强后依然保持发展势头的企业，其经营者往往不是贪得无厌，而是保持着居安思危的品质。换言之，他们化危机感和饥饿感为动力、使企业走出困境这样的品质已然成为他们的"习性"。即便自己的公司如今业绩稳健、资金充裕，他们依然保持着当年创业初期的危机感和饥饿感。

劣势方为企业成长之机遇

再拿我自己来说，前面提到，我们京瓷起初采取的也是单品生产战略，但我对此实在不能放心。在我看来，要想让京瓷运作和发展，多种经营不可或缺。

道理很简单。假如保持单品生产，一旦该产品没有了销路，公司就会立刻轰然倒下，所以我觉得"必须增加撑起公司的支柱",于是开始思考多种经营。

此外,我觉得公司也不能光靠日本市场,否则搞不好会因为日本经济出现问题而陷入危机。

所以我希望做到"东方不亮西方亮"。换言之,即便日本经济不行了,如果我们京瓷在美国有工厂、有市场,那么只要美国经济还坚挺,至少我们的美国分部还能够兴旺发达。

鉴于此,我当时打算跨国跨区发展——不仅是日本市场,还进军美国和欧洲市场。

通过这样"三条腿走路",规避地区化经济萧条的风险。

于是,"京瓷必须走多种经营和跨国经营"的路线方针就此敲定,并由我着手在公司宣传和推行该方针。

说到这里,可能有人会想,既然我那么早就居安思危并采取行动,那么危机感势必早已被我打败和化解。可事实并非如此,危机感一直伴我左右。

至于其原因,各位听起来或许觉得好笑。用关西方言来说,我这种人属于"阿呆"。当年,当京瓷员工人数达到300人时,我自然不得不思考如何持续养活这300号人。可纵观当时公司的产品品类，却只有区区三种。要是这三种产品都没了销路，那么300名员工就会流落街头。

所以我觉得公司必须推出稍微再有点儿竞争力的新产品，于是拼命投入研发，最后研发成功，这让京瓷的产品线更加多样化。其一经推出后，居然销路大好。

由于新产品销量攀升，为了运作该业务，又不得不新招百来号人，后来又加招百来号人。如此一来，我们公司的员工数便已增至500人。

要养活这500号人，公司光有三四种支柱业务就显得不够了。要是有一天这些业务都不行了，那500名员工就会流落街头。为了规避这样的风险，我更加着力于产品研发。随后又研发成功，新品销售势头强劲，结果公司又得新招500人。

这下子，我们京瓷的员工数已达1000人。万一让1000人流落街头，那可不得了。于是我愈加努力研发产品、拓展业务。简直像个傻子一样，入了"坑"就出不来了。

就这样，我的担忧一直未能消除，所以产品越研发越多，公司越做越大。最后，京瓷的员工规模达到了国内15000人、海外15000人的数量级。而这一切的一切，都是危机感驱使所致。

说了这么多，我想表达的是，如今被人们视为优秀国际化企业的京瓷，最早只是一家外行创立的小企业，且起初缺乏技术实力，产品又单一。正是在这样的劣势之下，我们京瓷人充满了危机感和饥饿感。

而面对这样的危机感和饥饿感，我们京瓷人化压力为动力，积极发挥创意，不断进军新事业和新领域。

在一穷二白的窘境之下，并不陷入绝望，

而是争强好胜，积极开朗，并适度贪心——若拥有这样的特质，便能化劣势为优势，在逆境中成长。

在座的各位之中，或许有人一直认为巴西的营商环境不佳，企业难以发展。或许有人还会在心中反驳道："我们公司一没技术二没资金，而且如今在巴西办企业实在不容易。你或许在日本做企业做得风生水起，但巴西可没这么简单。"在我看来，正是这样的心态和思想，才使企业无法发展、停滞不前。

而换个角度看，这样的劣势恰恰是机遇。总之，企业如果面对"五大劣势"，而其经营者又同时拥有"三大特质",即便一穷二白,企业亦能成长发展。

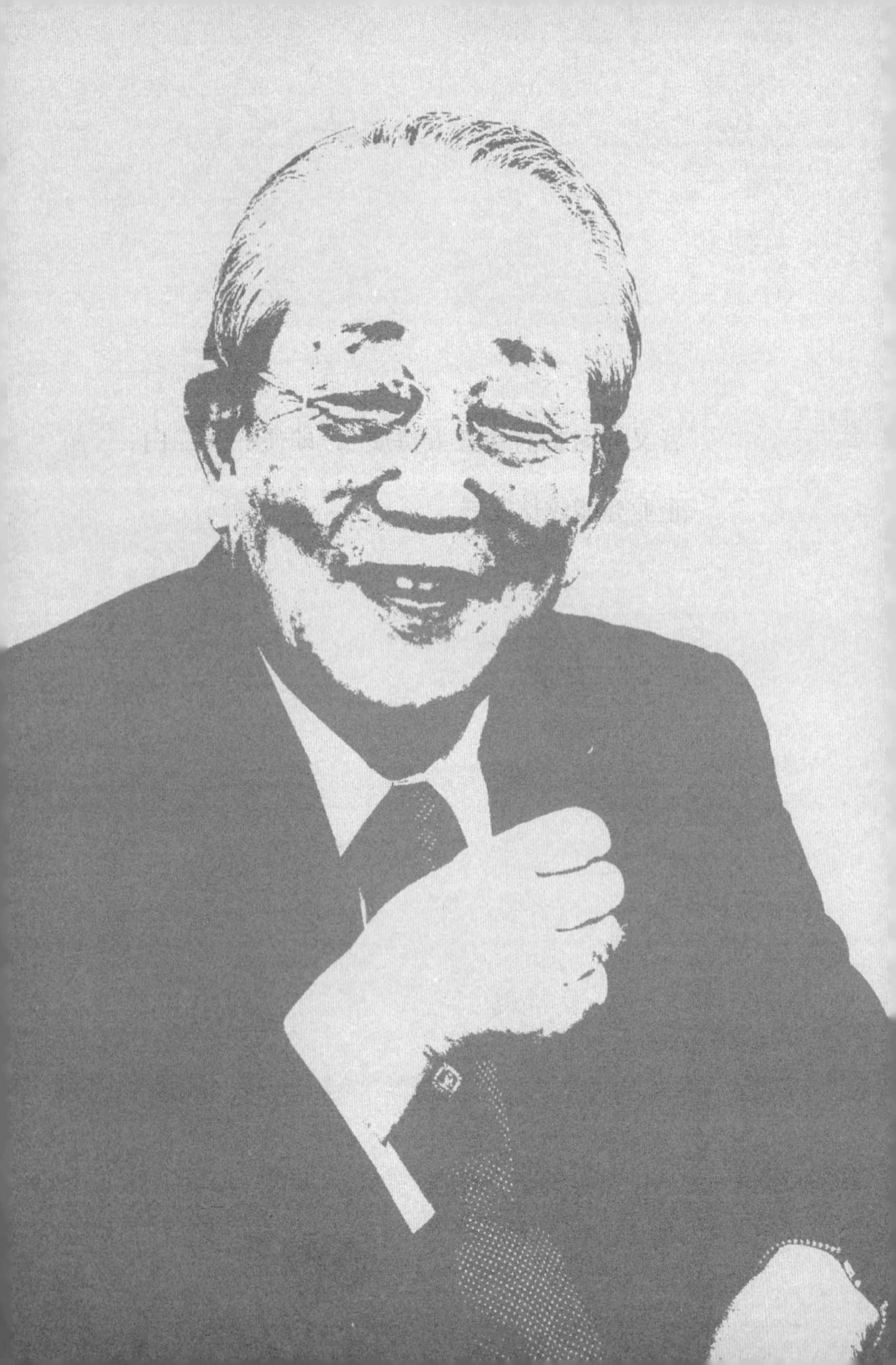

二宫尊德倡导的『至诚』之力

贯彻勤勉与诚实的二宫尊德

刚才给各位讲了一些二宫尊德的事迹，下面为各位详细介绍一下这位人物。作家内村鉴三在其所著的《代表的日本人》一书中，对二宫尊德进行了详尽介绍。看过这本书后，就能明白二宫尊德的厉害之处。下面我根据书中的部分内容，为各位讲解一二。

二宫尊德出生后十分不幸，他幼时便父母双亡。16岁时，他和他的两个弟弟就成了孤儿。

于是，作为长子的尊德被送到伯父家里抚养。虽然生活艰苦，但他十分努力。用我刚才介绍京都优秀企业的话来说，他是个积极发挥创意的人。

年纪大点儿的日本人都知道，以前日本的很多学校都立有二宫尊德的铜像。而铜像往往是他少年时背着木柴、走路看书的样子。之所以把这个样子制成铜像，是因为当时的他在伯父家里从早劳动到晚，可他无论如何都想读书学习。

当然，在当时的条件下，他根本没法去上学。于是他打算自学，自己研读孔孟典籍和阳明学的著作。

但前面也提到，他毕竟寄人篱下，白天要给伯父努力干活儿。等到晚上，他总算有了点儿属于自己的时间，想点油灯看书学习，结果却被伯父责备。

于是他去开拓村边的一块荒地，那是块沼泽地。每到休息时间，他就扛着锄头，在那里开荒耕地，还种下了菜籽。一个夏天过去后，他收获了一袋菜籽，拿到油铺去换了几瓶菜油，然后用这自己劳动所得的菜油来点灯看书。

换言之，他没用伯父家的油，而是用自己在沼泽地开垦劳动所得的菜油点灯学习。可伯父见状，又是对他一顿责骂。

于是他对伯父解释，这灯油不是伯父家的油，而是自己劳动赚来的油。结果伯父说道："你别犯傻，你的东西都是我的，没有什么属于你个人。是我让你吃饱饭不挨饿，所以你的东西都是我的。"

在以前那个封建时代，这种家长的权威不容挑战。在现代人看来，这简直太残酷、太没道理了，但成长型的人会欣然接受现状。当时被伯父这么说后，尊德的反应是"原来如此"。

他甚至还感到对不住伯父，因为他原以为用自己的休息时间种菜籽并不会给伯父添麻烦，没想到自己的休息时间也是属于伯父的，于是他对伯父道歉，从此晚上再也不点灯看书了，哪怕是用自己赚来的油。

取而代之的，便是上述铜像所展示的状态——在从事单纯的劳动作业时，他会一边干活儿，一边看书。

通过如此勤学，他最终通晓了孔子的思

想,并将其作为自己人生的坐标,即以孔孟之道、阳明之学立身。

每日努力，未来自见

通过学习，尊德拥有了儒教的精神和儒教的道德观，而在《代表的日本人》一书中有关他的内容里，有一段这样写道："对于像他这般热诚之人而言，对于任何工作和事业，若不能做到皆全身心投入，便是一种罪恶。"

在尊德看来，不管做什么，都

必须全心全灵、全力投入，否则便是罪恶。

换言之，像他这样以儒教精神为根本，并非常诚实且满腔热忱的人，无论做什么，都会全身心投入，否则会心生罪恶感。

至于尊德后来如何与荒芜的土地和荒芜污秽的人心作斗争，这里就没时间详细介绍了。值得强调的一点是，他从不玩弄权谋术略，从不要什么手段。

至于我这个人，硬要说的话，大概更接近二宫尊德。我也认为完全不该玩弄权谋术略，只要拼命努力，未来自然明朗。从京瓷当年创立直至今日，经常有人说："经营者应该制订战略方向""老总应该把五成的工作时间和精力用在思考战略上",可在我看来,这都是一派胡言。

有这个闲工夫,不如深入现场,实地开展工作。可不知为何,诸如毕业于哈佛大学等名校的商学精英们似乎总觉得"必须思考大战略",其实并非如此。只要每天踏实努力即可。

就拿我们京瓷来说,其能发展到今天这样的规模,不是靠思考战略思考出来的,而是靠接地气的踏实工作和努力,使未来渐渐清晰,而所谓"战略"也随之自然浮现。

所以说，战略不能光靠想，否则只能沦为空中楼阁般的空论。

再说回二宫尊德，他也从不靠策略或计谋，而只是心怀一个坚定的信念，那便是"至诚所感，天地为动"。

换言之，他坚信，只要做到至真至诚，连上天都会出手相助。即一个人的真心诚意能够感动天地。

换个角度看，倘若未能成功，则说明自己的诚意不足，未能打动天地。如果诚意足够，便能使天地感应并给予加持。

鉴于此，尊德即便后来取得成功、受人

敬仰，却一直回避酒席盛宴，并只穿十分朴素的粗棉衣服。

而在外出指导农业工作时，据说他从不在当地农民家中用餐，而是坐在田埂边吃点儿东西了事，且每天的睡眠时间只有两小时。这就和刚才讲到的"千日回峰"修行一样——旁人感到奇怪，觉得这样势必会体力不支，可尊德却精力充沛。

有意思的是，作家内村鉴三在书中对此点评道："尊德他每天只睡两小时，而且每天早上都比部下先去田间劳作，晚上又最后一个回去休息。他这样的做法，简直是在主动背负和承受贫农所经历的最为艰难严酷的命运。"

换言之,或许在尊德看来,要想让穷村脱贫,自己下地干活必须比任何一个村民都早,歇工休息必须比任何一个村民都晚。即亲自带头吃最多的苦、受最多的罪。

而他在批评教育部下时,总是质问部下:"是否做到了动机真诚?"在他看来,若动机不真诚,就需要被严厉地批评教育。

我常强调"动机至善"。而内村鉴三认为,二宫尊德在批评教育部下时,重视的也是"动机至诚"。

此外，内村鉴三还坚信尊德认为："只要具备勤勉和真诚之心，便能做到精神的强大，并实现独立自尊。"换言之，在尊德的理念中，只要竭尽勤勉和真诚地努力，则必能达到独立自尊的境界，即自力更生、开创事业。

而尊德自己也留下了许多名言语录。比如"天地运动，一刻不息"。即天地运动从不停歇，其在不间断地运动推进。所以他还说："万物因此生生不息。"换言之，正是天地不间断地运动，才使得万物生长。

他还进一步提出："人应随天动，勉励

不息。"即人应遵循这天地的运动规律，不断勤勉努力。他认为，若能做到这一点，"虽自求穷困，亦不可得"。意思是，哪怕自己故意想要失败穷困的坏结果，也是不会如愿的。

换言之，如果像天地运行般不断努力，则必能成事得福。此时，诸如穷困饥饿等负面结果，哪怕故意去求也求不来。这便是尊德朴素真诚的理念。

至诚感动天地

当时经常有人向尊德求教求救,有的村民向他抱怨:"官老爷施的是苛政恶政,搞得我们村穷困潦倒,农业凋敝",因此他们打算抛弃祖先留下来的土地,背井离乡去讨生活。

换言之,村民们认为:"恶官作祟,苛捐杂税,民不聊生。"对此,尊德答道:"我给大家每人发一把铁锄，大家按照我说的去做，不要抛弃自己的农田，要拼命勤劳耕作。如果能做到这一点，田地会立刻变乐土，而大家也能交清所背负的税债。"

他还劝村民道："乡亲们，要想改变命运，你们大可不必抛弃自己祖先留下来的土地。靠这手头既有的土地，肯定足够让你们过上富裕的生活。"于是，尊德打消了村民们背井离乡的想法，让他们自己通过人手一把的铁锄，把村子打造成了乐园净土。就像这样，他留下了许多让村子脱贫致富的事迹。

尊德一直保持着真诚之心。他还曾说道："化灾为福，唯有至诚。智谋计策，皆不可及。"

换言之，无论怎样削尖脑袋、钻营用计，在天命面前都是徒劳。要想化解灾难、否极泰来，唯有"至诚"这一条路行得通。

而这至诚，与浅薄的智慧截然不同。

对此，他还指出："至诚所至，鬼神为感，天地为动。"

换言之，若一个人竭尽至诚，鬼神亦会有所感应，同时连天地都能为之所动、予以加持。

可见，二宫尊德身上并无高深玄妙之物，他只是贯彻了诚实和勤勉而已。而前面提到的内村鉴三之所以用英文写下《代表的日本人》这本书，正是为了让世界各国的人了解和明白日本人认真勤勉的优秀品质。

通过我今天的讲话，希望能给在座的各位带来重新思考的契机，从而助力各位进一步成长提升，并在自己的家业或事业方面取得更大的成功。

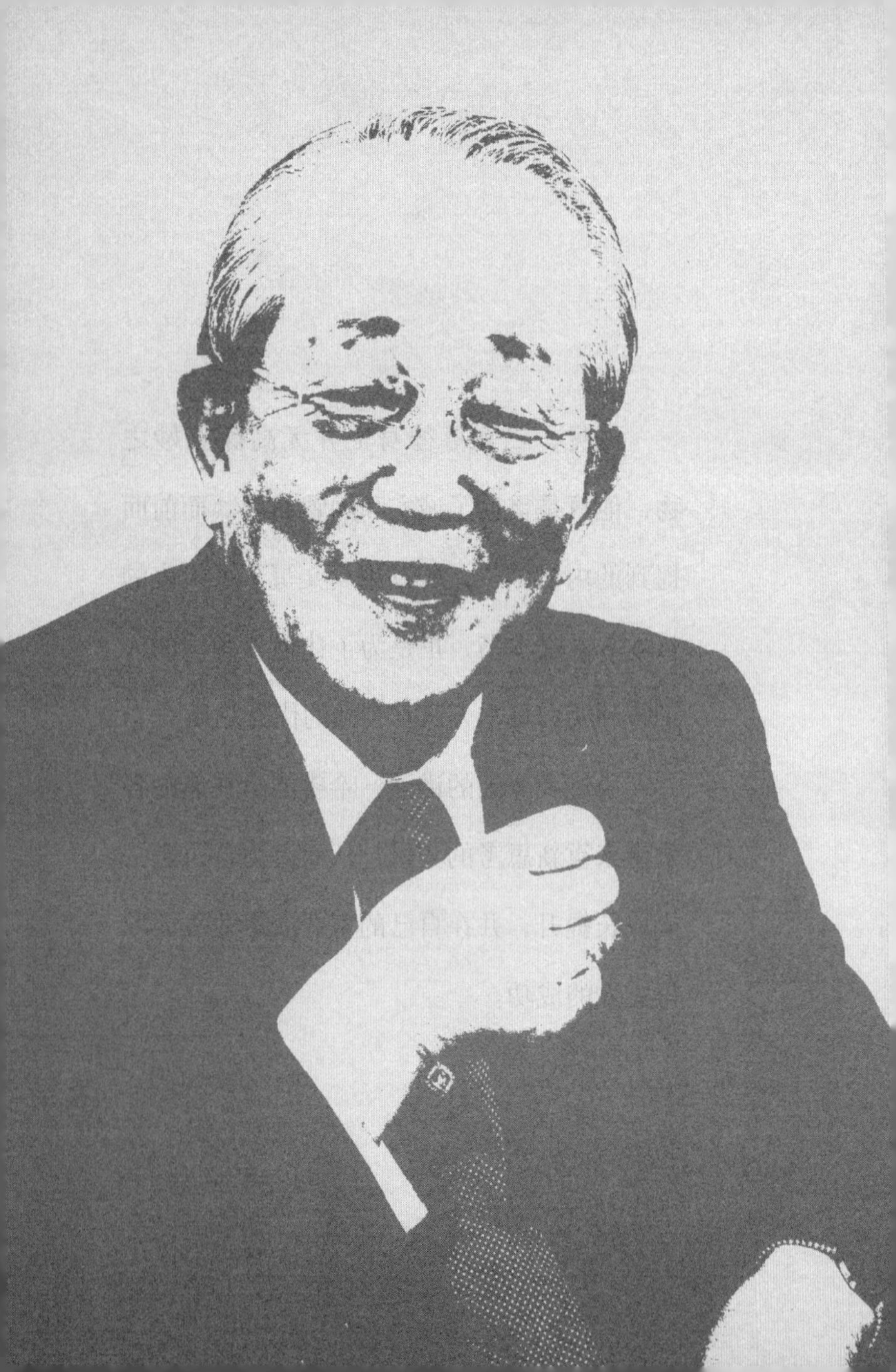

活法的真髓

稻盛和夫箴言集

12

111

之前的箴言集收录于"稻盛开讲"系列的以下分册中。

活法的精髓1（1~10）刊载于《稻盛开讲1：人为什么活着》

活法的精髓2（11~20）刊载于《稻盛开讲2：经营力》

活法的精髓3（21~30）刊载于《稻盛开讲3：作为人，何谓正确？》

活法的精髓4（31~40）刊载于《稻盛开讲4：付出不亚于任何人的努力》

活法的精髓5（41~50）刊载于《稻盛开讲5：六项精进》

活法的精髓6（51~60）刊载于《稻盛开讲6：企业摆脱经济危机的五大方略》

活法的精髓7（61~70）刊载于《稻盛开讲7：经营者的使命》

活法的精髓8（71~80）刊载于《稻盛开讲8：成功方程式》

活法的精髓9（81~90）刊载于《稻盛开讲9：提升信念》

活法的精髓10（91~100）刊载于《稻盛开讲10：行大善的勇气》

活法的精髓11（101~110）刊载于《稻盛开讲11：作出正确的决断》

要成就事业，要充实人生，"勤奋"必不可少。就是要拼命努力，全身心投入工作。通过勤奋工作，人们可以提升自己的精神境界，获得厚重的人格。

《活法》

112

勤奋工作会给我们的人生带来精彩。劳动是有助于我们克服人生磨难和逆境的灵丹妙药。只要能够付出不亚于任何人的努力，全力以赴地投入到工作之中，我们的命运大门必然会随之开启。

《活法伍：成功与失败的法则》

勤勉才是成功之王道
活法的**真體** ● 稻盛和夫箴言集

113

我把认真工作理解为"锻炼心志、塑造心灵、达至开悟的过程"。就是说，辛勤工作的人不仅可以获得生活的食粮，而且能够抑制自己的欲望，锻炼心志、净化心灵。劳动具有如此重要的功能。正因为忘记了这一点，现在的社会才会混乱，才会荒芜。

《心法：稻盛和夫的哲学》

勤勉才是成功之王道
活法的真髓●稻盛和夫箴言集

114

重塑社会大众的劳动价值观，这才是日本当前最重要的一项任务。我希望越来越多的人能够摒弃不劳而获的思想，认认真真地劳动，不仅依靠劳动积累生活资粮，同时也获得精神上的满足，使自己的人格得到磨砺和升华。

《对话稻盛和夫：德与正义》

勤勉才是成功之王道
活法的真髓 ● 稻盛和夫箴言集

115

正是认真拼命地工作，让人变得优秀。逃避艰难困苦的人，无法塑造优秀的人格。从年轻时就勤奋工作，不畏艰苦，锻炼自己，磨砺自己，就能提高心性，度过幸福美好的人生。

《思维方式》

勤勉才是成功之王道
活法的真髓●稻盛和夫箴言集

116

遭遇艰难困苦，便想从中解脱，此乃人之常情。但面对残酷的现实，我们往往避无可避。即使身处逆境、怀才不遇，也要保持乐观、不懈努力。这便是一种人生修行。我也正是通过这种方式，才实现了自己的梦想。

《心法之叁：一个想法改变人的一生》

勤勉才是成功之王道
活法的真髓●稻盛和夫箴言集

117

逆境其实是重新审视自身、以备再次起步的绝佳时机。逆境中不消极，不自怨自艾，而是将挫折视为进一步坚定志向的契机，无畏地迎难而上。不屈不挠，通过人生的几番历练，才能成就大志。

《活法叁：寻找你自己的人生王道》

118

在遭遇困难、想要抱怨或感到气馁时，能激励自己的人，能鼓起勇气的人，能不为负面情绪左右的人，能愈挫愈勇、克服困难、不懈努力的人，必能获得成功。

《付出不亚于任何人的努力》

勤勉才是成功之王道
活法的真體 ● 稻盛和夫箴言集

119

只要拼命努力，企业的经营状况便能稳定。不管经济是否景气，不管身处怎样的时代，我相信，只要拼命努力，便能克服一切困难。一般认为，经营战略或经营战术是企业生存的命脉，但其实关键还是要靠踏踏实实的努力，并无捷径可循。

《付出不亚于任何人的努力》

勤勉才是成功之王道
活法的真髓 ● 稻盛和夫箴言集

120

他们在遭遇灾难、苦难、困难这类试炼的时候，不仅能够承受，而且为了克服这类试炼全力奋战。他们相信眼前的困难是暂时的，到时候一个光明的未来一定会到来。他们乐观开朗，不懈努力，决不怨天尤人，决不牢骚满腹。他们从正面坦然接受降临的苦难，甚至把苦难看作锻炼自己意志的机会，因而心怀感激。他们积极开朗，踏实努力，勇往直前。结果，这样的人就能获得卓越的成功，迎来光明的未来。

《心法：稻盛和夫的哲学》

图书在版编目（CIP）数据

稻盛开讲．12，勤勉才是成功之王道／（日）稻盛和夫著；周征文译．— 北京：东方出版社，2025.1
ISBN 978-7-5207-3804-0

Ⅰ．①稻… Ⅱ．①稻…②周… Ⅲ．①稻盛和夫（Kazuo, Inamori 1932–）—企业管理—经验 Ⅳ．①F279.313.3

中国国家版本馆CIP数据核字(2024)第020410号

KINBEN KOSO SEIKOU ENO OUDOU
Copyright © 2021 KYOCERA Corporation
Simplified Chinese translation copyright © ORIENTAL PRESS 2023,
All rights reserved
First original Japanese edition published by SUNMARK PUBLISHING, INC., Japan 2021
Simplified Chinese translation rights arranged with SUNMARK PUBLISHING, INC., Japan
through HANHE INTERNATIONAL(HK) CO.,LTD.

本书中文简体字版权由汉和国际（香港）有限公司代理
中文简体字版专有权属东方出版社
著作权合同登记号 图字：01-2023-4409 号

稻盛开讲12：勤勉才是成功之王道
（DAOSHENG KAIJIANG 12: QINMIAN CAISHI CHENGGONG ZHI WANGDAO）

作　　者：	［日］稻盛和夫
译　　者：	周征文
责任编辑：	贺　方
责任审校：	赵鹏丽
出　　版：	东方出版社
发　　行：	人民东方出版传媒有限公司
地　　址：	北京市东城区朝内大街166号
邮政编码：	100010
印　　刷：	鸿博昊天科技有限公司
版　　次：	2025年1月第1版
印　　次：	2025年1月第1次印刷
开　　本：	787毫米×1092毫米 1/32
印　　张：	3.375
字　　数：	27千字
书　　号：	ISBN 978-7-5207-3804-0
定　　价：	39.00元
发行电话：	（010）85924663　85924644　85924641

版权所有，违者必究
如有印装质量问题，我社负责调换，请拨打电话：（010）85924602　85924603